国旗国歌国徽的故事

刘捷 著

陆旻 绘

中国中福会出版社

目　录

引子／1

❶ 什么叫"祖国"呢？／4

❷ 我爱北京天安门,天安门上太阳升
　　——我们的首都／7

❸ 今天是你的生日,我的中国
　　——我们的国庆日／20

❹ 我们万众一心,冒着敌人的炮火,前进!
　　——我们的国歌／36

❺ 东方太阳,正在升起,人民共和国正在成长
　　——我们的国号／51

❻ 五星红旗迎风飘扬,胜利歌声多么响亮
　　——我们的国旗／59

❼ 禾穗飞扬成长,齿轮转动时光
　　——我们的国徽 / 74
❽ 没有共产党就没有新中国
　　——我们的党 / 91
　尾声 / 103

引 子

十一国庆长假临近,教语文的陈老师给同学们布置了一道假期作业:以"我的祖国"为题,写一篇300字左右的作文,题材不限。

下课时,陈老师还特别强调说:"同学们可千万不要上网查噢,也不可以让爸爸妈妈帮你们的忙噢,一定要写下自己是怎么想的!"

"完了完了,这下真的完蛋了!"申申不禁在内心犯嘀咕。

平时自己最害怕的就是写作文了,从一年级的看图说话到现在的"300字",都像是一场备受折磨的鏖战。上两次陈老师布置的作文,申申就是软磨硬泡,以一周不看《奥特曼》、不玩"爱消除"为代价,才让爸爸帮忙写了"我的妈妈",让妈妈帮忙写了"我的爸爸"。事不过三,找人帮忙,肯定没戏。

"什么是'我的祖国'啊？嗯……祖国是母亲吧……还有,祖国在我心中……对,对,还有祖国我爱你……唉,编不下去了。"

申申想,要不偷偷去网上搜搜看别的小朋友是怎么写的吧。

于是,申申回家后,就急急忙忙打开电脑,输入"我的祖国"……

"哎呀,这些作文我完全看不懂啊,肯定不是小学生写的!"

令人苦恼的假期作业,让申申茶不思饭不想,连最爱的红烧肉都吃不下了。

❶ 什么叫"祖国"呢?

申申爸爸看到申申皱着眉头,就问:"怎么了,申申?有什么事情不开心啊,不会又是陈老师布置了写作文吧?"

申申一惊,抬头看看爸爸,哭丧着脸点点头。

"这回要写'我的祖国'。"

"哈哈,这回爸爸妈妈可不会帮你写了,你要知道啊,爸爸当年像你这么大,可已经会写四五百字的记叙文啦!"爸爸半开玩笑地讲道。

"爸爸你又来刺激我。哼!我是男子汉,抒情是我的弱项。"申申噘起小嘴撇过脸去。

"哈哈哈!申申啊,写作文还真和你是男子汉还是美娇娘没什么关系。也不是一堆华丽辞藻堆砌、一众名人名言罗列,就是好作文啦。当然,你现在也不会这些。写文章嘛,应该发自肺腑,说你知道的,讲你自己的想法。"爸爸一本正经地纠正。

"那,那'我的祖国',这个怎么写啊?"申申像是打开了话匣子,"我查过字典了,'祖国'就是自己的国家的意思,那就是中国啦。我知道的中国,有上下五千年的历史,有四大发明,还有长江长城、黄山黄河、龙的传人、大熊猫,对了,还有我最爱吃的小笼包。"

"咦?你最爱的不是红烧肉吗?"

"都爱都爱。"

"你说的都没错,这些都是我们祖国的象征,但你写作文总不能把这些全都一股脑儿放进去吧,还

是得简单一点,说一下你是怎么理解'祖国'这两个字的。嗯,这样吧,这周末我们去问问你太爷爷吧。你太爷爷当年可是参加过开国大典的!"爸爸给申申出了一个主意。

"开国大典?"

"就是中华人民共和国正式成立的典礼!"

"哇!!!"

❷ 我爱北京天安门,天安门上太阳升
——我们的首都

周六早上,爸爸带着申申来到了太爷爷家里。

来之前,爸爸已向太爷爷说明了申申的困扰。因此,申申和爸爸一进门,86岁高龄的太爷爷就已经笑呵呵地坐在阳台的摇椅上,抬手招呼申申了。

"申申,你想听太爷爷讲开国大典的故事吗?"

"想!想!爸爸说过,开国大典就是我们中华人民共和国诞生那一天的典礼。太爷爷您那时候就在天安门城楼下吧。"

"是啊,那天我就在城楼下,亲眼见到了毛主席。"

"哇,真的吗?太赞了!快给我讲讲那天的故事吧,太爷爷。"申申迫不及待地搬了张小板凳,凑到了太爷爷跟前。

"呵呵,申申啊,别着急,让太爷爷慢慢给你讲。"爸爸一边说,一边也坐在了申申的身旁。

太爷爷一边轻轻地摸着申申的脑袋,一边戴上了老花镜,拿起泛黄的日记本,开始回忆起六十多年前那激动人心的日子。

"申申,太爷爷先考考你,我们中华人民共和国的首都是北京,那中华民国的首都在哪儿,你知道吗?"

申申嗖地站起来,举手回答:"南京!这个我知道,爸爸去年暑假带我去玩过。"

爸爸附和:"你还最喜欢总统府呢,说真漂亮。"

"对对,先坐下。我们国家建立前,毛主席带着我们的人民解放军和蒋介石的国民党军队打仗,其中最重要的三大战役,我们取得了大胜。这三大战役的最后啊,北京——当时还叫北平——和平解放了。"

"和平?北京没打仗吗?"申申发问了。

"没有,你知道为什么吗?"申申摇摇头。"因为啊,当年毛主席在打仗前,就想好了要把北京当首都了。"

"哇……"

"原因很简单。首先,北京是六朝古都,明朝、清朝的首都都在这里,它是有历史传统的。"

"那南京不行吗?"申申又插嘴问了一句。

"哈哈,南京虽然也是六朝古都,但那是国民党的首都啊!我们共产党怎么会把首都放在那儿呢?而且啊,当时我们和国民党的仗还没打完,南京、上海都还没解放呢,想定也定不了啊。"太爷爷很认真

地解释着。

"而北京呢,不仅有历史,而且有革命传统,1919年的五四运动就发生在这里,申申你听说过吗?"

"五四?青年节?"申申皱起了眉头。

"嗯,就是1919年的5月4日,在北京有好多年轻人参加的爱国运动。这个运动影响很大,我们中国共产党两年后在上海成立,和它有很大关系。"

"其实啊,你看看地图就知道,为什么要定都北京了……"太爷爷指了指客厅里的中国地图说,"北京靠海,经济比较发达,而且上面是东北下面是华北,这一大片都是当时共产党的根据地。而且这里离苏联、蒙古近,当时这两个国家都是我们的好朋友,很放心。"

"嗯,我懂了,太爷爷,北京历史悠久,地理位置重要,没得选啦。"

"哈哈,不是没得选,是最合适。"太爷爷开心地笑出声来。

"那么,爸爸来小结一下,太爷爷认为中华人民共和国定都在北京,既有历史传统的原因,也有地理位置的因素,更重要的是它与我们党的诞生密切相关。"爸爸言简意赅地总结。

太爷爷点头称是:"嗯,是这个意思。"

"那太爷爷,您当时在干吗呀?"申申忍不住又问了起来。

"你太爷爷当年可是大学生噢。"

"嗯,我是山东人,15岁就加入了山东野战军,上了战场。"

"哇,太爷爷好厉害。"申申吃惊地张大了嘴巴。

"不过后来部队领导觉得我年龄小,就推荐我去了当时刚刚组建的华东大学念书。当时是1948年,我刚好17岁了。"太爷爷不禁聊起了当年的经历,"在学校也没呆多久,1949年1月31日,北平和平解放,于是我又被中央团校选去学习,就到了刚解放不久的北平。"

"哦,那时的北京是什么样子呀?"申申问。

太爷爷拿起了自己的日记本,翻到了1949年的某一天,抬了抬老花镜,说:"我记得当年第一次进

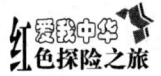

京,特别开心,还写了日记……嗯,找到了。"

太爷爷把日记放到申申身前,爸爸接过日记,被岁月稀释的笔迹依然清晰可见:

……

我们多数学员都是第一次来到北京,来到天安门,心情非常激动。可是,当我们站在金水河边时,却满是震惊与失望。天安门城楼因年久失修,破烂不堪,如荒冢般寂静。巨大的城楼砖残瓦断,金黄色的琉璃瓦顶蒿草丛生,大群的野鸽在上面筑起了巢穴。红墙凋残,脱落的墙皮斑斑驳驳,雕花的门窗残破不全,东斜西歪,金水河中满是淤泥污水。广场东侧,房屋低矮破旧;广场西侧,垃圾堆积如山;广场南面,小商小贩叫卖吆喝,嘈杂混乱;广场中间坑洼不平,积水发臭。

……

"呃,简直是脏乱差啊!"申申看着太爷爷的日记,不禁感叹。

"可不是吗,后来天安门大扫除时,光是清除出来的野鸽粪便,都装了几大卡车啊!"太爷爷说,"而且还在城门洞里发现了炸弹呢!"爸爸和申申都露出一脸嫌弃。

"那为什么开国大典还要放在天安门广场呢?"申申又问了一个问题。

"嗯,为什么呢?我当时知道开国大典要在天安门广场举行的时候,也很疑惑,"太爷爷卖了个关子,"其实啊,开国大典不仅仅是我们现在熟知的成立典礼,还包括解放军阅兵式和老百姓的游行

活动。"

"那对场地的要求就很高啦,不然放不下啊。"爸爸接过话茬。

"没错,所以据说当年毛主席和周总理为此事也曾举棋不定,拿出过两个方案,一个是天安门广场,另一个是在曾经举办过万人检阅式的西苑机场,毛主席坐飞机到北平的地方。"

"西苑机场?在哪里啊?"申申不解地问道。

"《五环之歌》知道吗?"爸爸笑嘻嘻地问申申。

"这怎么不知道,我还会唱呢!"申申"哼"的一声就准备唱,爸爸赶忙堵住他的嘴。"好了,歌就别唱了,西苑机场啊就在西五环,北京郊区。"

"哦,这我知道,郊区地方大。"申申恍然大悟。

太爷爷摸摸申申的头,说:"嗯,这两个地方其实都各有利弊。天安门广场,众所周知,这是北京城中心,城楼上地方大,现成的阅兵台,也适合毛主席与几十万人共同庆祝。而且这里公路也是四通八达,便于分散人流。但问题是……"

"太脏了!"申申又举手抢答了。

"哈哈,这倒不是大问题啦。后来决定在天安门广场搞典礼后,毛主席就号召北京市民义务参加劳动。我当时也去了,最多时有6000多名学生一起在大扫除呢。十几天工夫就让破旧不堪的天安门城楼和广场焕然一新了。"

"那有啥问题呢,天安门广场?"

太爷爷回答:"问题就是当年的天安门广场可远没现在这么宽敞啊,阅兵的时候坦克、骑兵队拉不开架势呀。"

"哦,天安门广场还是太小了。"

"对,那可是见证中华人民共和国的诞生啊,和当时希望参加典礼的人们相比,再大的地方都嫌小啊!"太爷爷感慨地说道,"而西苑机场呢?优点是大,而且有过阅兵经验,但缺点就是太远了,不方便几十万人一起参加。"

"当年可没地铁,还是现在好,出门方便。"申申自言自语了起来。

"哈哈,当年从我念书的北京远郊到天安门足足有50公里,我们怎么去天安门?可得提前好几天

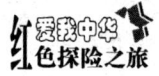

坐火车进城呢。你来看,我的日记里还写着呢。"

9月25日 今天传来好消息,团中央通知中央团校说:团中央机关和中央团校的全体工作人员、学员将属中共中央直属机关党委方队,参加开国大典和庆典后的游行……

9月26日 今天团校给我们每个学员发了一身灰色制服,要求大家仪表端庄地参加庆典。大家欢呼雀跃,忙着试衣服、理发、洗澡,做参加庆典的准备工作……

9月28日 上午,从北京开来了专列,接我们到城里去,安排我们住在一个中学里。学校已经把教室都打扫得干干净净……

晚上,我们整队前往天安门广场编队训练。我们好多学员是第一次来天安门,心情非常激动。我看到天安门城楼上,八面鲜艳的红旗在城楼两侧迎风飘扬,朱红色的廊柱间红灯高悬,形神兼备的毛主席画像悬挂在正中门洞上方,两侧是宽大的巨幅固定横标。这全新的装饰把天安门映衬得容光焕发、气宇轩昂,自己也感到很激动……

第一次现场训练结束回来时已是深夜,但大家仍在谈论着天安门和广场,这一夜我们都没睡好。

……

"太爷爷,太爷爷,您再给我说说十一那天的事吧。"看了日记后,申申又急切地扑到太爷爷怀里。

"好了,好了,申申,太爷爷年纪大了,讲了这么久,应该要休息一下。"爸爸把申申一把拉过来。

"不打紧,我身子骨硬朗着呢,难得有人愿意听我讲这陈年旧事,你去给我倒杯水来,我接着给申申讲。"太爷爷催促着爸爸去倒水。

"谢谢太爷爷,您真棒!"申申向太爷爷竖起了大拇指。

1. 中华人民共和国的首都是在哪一天和平解放的?
2. 哪两个地方曾被计划举办中华人民共和国的开国大典?

时光机:

1. 三大战役

指 1948 年 9 月至 1949 年 1 月,中国人民解放军同国民党军队进行的战略决战,包括辽沈、淮海、平津三个战略性战役。

三大战役的胜利,奠定了人民解放战争在全国胜利的基础。其中,北平(也就是北京)在 1949 年 1 月 31 日的和平解放,标志着三大战役胜利结束。

2. 五四运动

是 1919 年 5 月 4 日发生在北京的一场以青年

学生为主,广大群众、市民、工商人士等共同参与的爱国运动。五四运动直接影响了中国共产党的诞生和发展。

❸ 今天是你的生日，我的中国
——我们的国庆日

"好，接下来我讲讲 10 月 1 日当天的事情……"太爷爷喝了杯热水，精神抖擞地开讲了，"我印象很深，那天是星期六，早晨有点阴，还下了小雨，不到 6 点，天还没亮我们就起床了。"

"太爷爷，怎么起这么早啊？你们不是已经住进城了吗？"申申提问了。

"申申，你还记得第一天上学时，你是几点起的吗？4 点！4 点！"爸爸又在一旁揶揄申申。

"虽然说典礼是下午 3 点才开始的，但之前我们还是有很多事要做啊。"

"咦？怎么放在 3 点！我记得抗战胜利七十周年的阅兵式是上午吧。"爸爸第一次发问了。

"上午天气不好吗？"申申歪着脑袋。

"其实啊，下午 3 点开始庆典，我也是当天早上听广播才知道的。"太爷爷眯着眼翻看着 10 月 1 日

国旗国歌国徽的故事

1949年开国大典阅兵式与2015年抗战胜利七十周年阅兵式

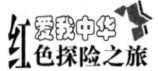

当天的日记。

……

今天早上,大家聚在教室的收音机旁,听着北京新华广播电台说,决定全部转播今天下午3点钟举行的中华人民共和国中央人民政府成立庆祝大会实况。盼星星、盼月亮,终于盼到了。我们大家真是恨不得一脚就迈到天安门啊!

……

"我也是后来才听说的,典礼放在下午,是为了防范空袭!"太爷爷语气平和地说道。

"空袭?!"爸爸和申申不约而同地喊出声来。

"是啊,10月那会儿,虽然我们搞了开国大典,但在南边啊、西南西北边啊,解放军和国民党军还在打仗呢。"

"所以还要防着国民党来搅乱庆典,对吧。"爸爸回答。

"嗯,为什么是这个时间,因为国民党的轰炸机能力不行啊!"太爷爷用手比画起飞机的飞行,"当

时的飞机晚上没法起降,一般是天亮起飞,天黑之前必须回航。而国民党能开飞机的地方,一大清早飞起来,到北京差不多就中午了,这个时候扔个炸弹回去还来得及。"

"要是下午才到北京,晚上就回不去咯。"爸爸说。

"对啊,不过对当时的我们来说,哪里会知道这些事,管它3点还是5点啊,就是深更半夜,我们也想马上去天安门啊。"太爷爷举起手,显得有些激动。

"话说回来,其实当时的情势还是相当危险的,就连开国大典上飞过去的四架飞机,也是带着弹药的,接受检阅的同时,也随时准备迎接国民党的袭击。"太爷爷冷不丁又爆了一个料。

"哦,这个我知道,一般阅兵的时候,受阅的飞机大炮都是不带弹药的,这个应该算是特事特办了。"爸爸解释道。

申申听着太爷爷和爸爸轮番讲述,又开始显露出一副疑惑的面孔。

"申申,你怎么啦?有什么不明白的地方吗?"太爷爷一眼就瞧见了申申拧成麻花的眉头。

"太爷爷,我有个问题弄不明白,为什么当时明明仗还没打完,就要先搞开国大典呢?"申申说出了自己的疑问。

"这个问题……问得好!我也想知道。"爸爸附和着。

"其实,这个疑问我也有过,还专门去翻阅资料寻找答案,目前看来确实是把开国大典'提前'了。"太爷爷面带微笑地回答。

"提前?那么原来想放啥时候啊?"

"据说是1950年元旦。当时我们党打算在解放全中国后,1950年1月左右成立中央政府。不过,后来听了苏联的意见,提前到了10月。"太爷爷说完,就让爸爸去书架上拿下一本略显破旧的书籍。

"我是在这本书里看到的,这书的作者师哲,是当年给毛泽东、周恩来、刘少奇、朱德当俄文翻译的,这是他的自传。里面写着呢!"太爷爷扶了扶老花镜,麻利地翻开了书的其中一页,交给了爸爸。

"哇,这个老爷爷好厉害,俄文是不是特别难学啊。"

"哈哈,我年轻时上学学的外语就是俄语。你爷爷那会儿学的也是俄文噢。"

爸爸把翻开的书摆在了申申的面前。

……

8月,同斯大林第六次会见,实际上是斯大林为刘少奇饯行。

……

在交谈中斯大林问:"你们打算何时宣布成立中央政府?因国民党政府实际上已瘫痪,不复存在了。而你们现在已具备了一切条件。"

刘少奇答:"我们目前正集中力量解决华南各省的问题,成立中央政府要在明年(1950年)1月(可能是1月1日)。"

斯大林说:"解决重大问题时固然要稳妥,要掌握时机,但更重要的是不可错过时机。我想提请你们注意防止敌人可能利用所谓'无政府状态'进行干涉。这是极毒辣的一招,不能不防。"

斯大林以上的谈话不仅引起我们的注意,而且我们立即向中共中央、毛主席作了汇报。8月下旬,我们回到沈阳,知道中央已经决定于10月1日宣布成立中华人民共和国中央人民政府,并举行开国大典。

……

"当时啊,这个作者正陪着刘少奇在苏联访问,我觉得他的记录应该是可信的。当然,这只是一家之言,算是回答你的疑问吧。"太爷爷对着申申说。

"斯大林是谁啊?刘少奇是谁啊?"申申一脸懵懂。

"哎呀,斯大林就是苏联当时的最高领导人。刘少奇爷爷可是我们的开国元勋啊,开国大典的时候就站在毛主席的后面噢。"爸爸赶忙接过话茬。

"哦,趁热打铁的意思,对吧!"

"差不多。哈哈,申申真聪明,会这么多成语。"太爷爷又开心地笑了。

"好了好了,我来小结一下,"爸爸一本正经地一手叉腰、一手扬起说道,"太爷爷刚才说了这么多,主要讲了两个意思,一是开国大典本来定在1950年元旦,但是由于苏联建议和国内形势,提前到10月1日了;二是开国大典是在10月1日下午3点开始的,主要就是为了防范国民党空袭。"

"谢谢爸爸!你也好厉害!给你一个赞!"申申朝着爸爸竖起大拇指。

"申申啊,来,再考考你。"

"别别别,太爷爷,我最怕考试了,历史地理都考过了,现在又要考啥啊?"

"那你说说,这国庆日是什么意思呢?"

"啊?这有什么难的,国庆就是中华人民共和国的生日呗,要放假的。"

"那,你知道这国庆日是什么时候确定的呢?"

"开国大典啊!"

"呵呵,错了!"

"什么?!错了?!"

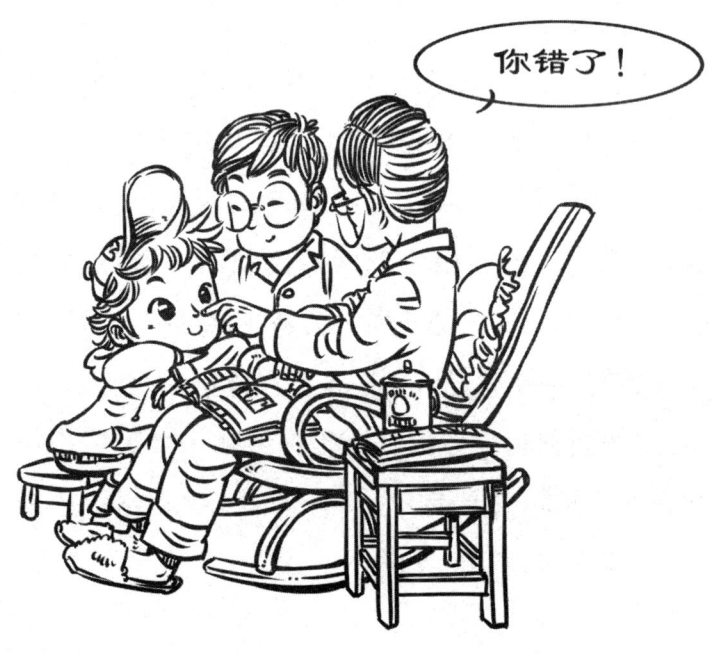

"我们现在都说开国大典标志着中华人民共和国的成立,实际上9月底的时候,中华人民共和国就成立了。"

"爷爷,您这又是唱的哪一出啊?"爸爸也不禁感叹。

"哼,太爷爷就爱耍我们。"申申嘟起了小嘴。

"我说的没错呀,你们知道吗?开国大典前开过一个特别重要的会议,那算是中华人民共和国奠基的盛会。"太爷爷像是回忆起了特别美好的事情。

"我记得是政协会议吧。"爸爸说。

"那是什么啊?"申申问。

"对,就是中国人民政治协商会议第一届全体会议,9月21日开幕的。首都定在北平、国旗用五星红旗、国歌未制定以前以《义勇军进行曲》为代国歌,都是在这次会上确定下来的。当时啊,我在团校,每天就盼着《人民日报》的政协特刊赶紧来,一来大家就聚在一起读报。我记得22号那天的报纸上就写着'宣布中华人民共和国的成立了'。"

"可是,太爷爷,我有点糊涂了。"申申怯怯地打断了太爷爷的回忆。

1949年9月22日,《人民日报》关于会议的报道

"哈,申申别着急,我这里说的是我们中华人民共和国成立的时间,开国大典则是人民政府成立的时间,这两个还是有区别的。"

爸爸紧接着说:"哦,我明白了,就是先有国家再有政府。那既然中华人民共和国成立的日期不是10月1日,那么10月1日又是怎么被定为'国庆日'的呢?"

"嗯,申申爸爸,你问到点子上了,这就不得不提一个人,马叙伦。"

"他是谁啊?太爷爷。"

"他是我们中华人民共和国的第一任教育部长

国旗国歌国徽的故事

啊。"太爷爷回答,"也是我们的老领导啊!"

"哦,申申,你太爷爷后来'南下'到上海,就一直在大学里工作。"爸爸怕申申不明白,解释了一下。

"那这个马部长为什么和'国庆日'有关系呢?"申申问道。

"那是因为他最早提议,我们应该有国庆日,就是10月1日啊!"太爷爷解释说,"之前的国庆日是双十,那是国民党政府的国庆,中华人民共和国就应该有新的国庆日。你说是不是,申申?"

"这下我全明白了,爷爷你那天参加开国大典的时候,压根就还没'国庆'这回事呢。"爸爸拍了拍脑袋,恍然大悟。

"哈哈,是啊,那天我就迫不及待想着去天安门呢,哪里想那么远啊。"

"那太爷爷,你们什么时候去天安门的啊?"申申又追问当天的事情了。

"9点就出发了!之前啊,学校领导还给我们做了动员,重申了纪律要求和注意事项。"太爷爷指了指脚上的鞋,"这里还有个小插曲,当时临走前啊,

班主任还检查我们的着装呢,发现我穿了双布鞋,就说让我换双皮鞋,因为有外宾。可我从小到大都是穿布鞋,哪来的皮鞋啊。"

"那怎么办啊?太爷爷。"

"当时真是急死我了,好在,有位上海的同志刚好有一双皮鞋,我借他的穿上,才算解了燃眉之急。"

"是太奶奶吗?"申申眯眼笑着问。

"真笨,女同志的鞋子,你太爷爷能穿吗?"爸爸拍了一下申申的脑袋,"不过,和上海的缘分也许就这么结下了吧,爷爷。"

"哈哈,也许吧。"太爷爷放声大笑。

接下来,太爷爷讲述了当天他是如何跟随大部队徒步走到天安门的:当时去天安门的队伍特别多,所以不时地走走停停,临近天安门时已经是中午11点了。太爷爷印象最深的是,当他走在长安街上时,看到昨晚午夜就来的列队整齐、仪表庄重、体魄健壮、纪律严明的中国人民解放军时,心中油然而生的崇敬之情。

当太爷爷所在的队伍走过东三座门后,典礼的工作人员引导他们进入到广场指定的位置。太爷爷特别自豪,因为他的位置在天安门广场的最前列、最中间。放眼看身后的广场,红旗如海、人声鼎沸。

等待正式开始的时间里,太爷爷和他的同学们,率先唱起了《没有共产党就没有新中国》《东方红》《解放区的天是明朗的天》《团结就是力量》等歌,赢得了周围方队阵阵掌声,也引发了工人队伍、学生队伍一阵阵歌声。时间不知不觉就临近了下午3点。

"今天就讲到这里吧。"太爷爷放下了日记本,摘下了老花镜。

"啊!太爷爷,马上就到高潮了,您就不讲啦!"申申有点急。

"申申!你看看时间,太爷爷年纪大了,需要休息。改天我们再来。"爸爸提醒道。

"申申啊,我想明天就别在家里了,咱们出门去。"

"好啊好啊,去哪?"申申开心地鼓起了掌。

"国歌广场!"太爷爷一字一顿地说。

通关答题

1. 开国大典是在1949年10月1日什么时间正式举行的?
2. 谁最早提议将10月1日定为中华人民共和国的国庆日?

时光机:

1. 中国人民政治协商会议第一届全体会议

1949年9月21日至30日,在北平中南海怀仁堂举行。它的任务就是要宣告中华人民共和国的成立,制定中国人民自己的宪法,组织中国人民自己的中央政府。这是中国历史上具有划时代意义的空前盛会。

2. 国庆日

1949年10月9日,中国人民政治协商会议第一届全国委员会召开第一次会议。会议通过了马叙伦"请政府明定十月一日为中华人民共和国国庆日,以代替十月十日的旧国庆日"的建议案,送请中央人民政府采择施行。1949年12月2日,中央人民政府委员会第四次会议通过《关于中华人民共和国国庆日的决议》,决定自1950年起,即以每年的10月1日为中华人民共和国的国庆日。

❹ 我们万众一心，冒着敌人的炮火，前进！
——我们的国歌

周日一早，爸爸和申申就陪着太爷爷来到了位于上海市杨浦区荆州路151号的国歌纪念广场。国歌纪念广场是一个大型开放式圆形广场，广场中央设置一座主题雕塑，主体造型是经过战争和历史风云洗礼、充满造型肌理和斑驳色彩的国旗，以及巨手紧握的军号。圆形广场为唱片造型，扩展的纹路，寓意《义勇军进行曲》从上海唱响全中国。

"哇，太爷爷，我都不知道上海还有这么一个广场啊！"申申兴奋地在广场上又蹦又跳。

"来来，申申，我们继续讲开国大典的事情。"坐在广场一旁长椅上的太爷爷招手呼唤申申。

"别到处乱跑，快过来。"爸爸催促着。

"来咯！"申申一溜烟就坐到太爷爷身边。

"昨天，我们讲到下午3点马上就要到了，对吧。当时啊，我们突然听到军乐队奏响了《东方红》，大家意识到开国大典开始了。"

"'东方红,太阳升,中国出了个毛泽东。'太爷爷,这首歌我们学校教过,我也会唱。"

"哈哈,是啊,在乐曲声中,果然,我们看到毛主席走上了天安门城楼!"太爷爷越说越激动,"这个场景我这辈子都忘不掉,当时广场沸腾了,大家都高呼'毛主席万岁''中国共产党万岁''中华人民共和国万岁',那个雷鸣海啸、惊天动地的声浪,我至今记忆犹新啊。"

"我到现在还记得,典礼开始后,军乐队第一次奏响了国歌《义勇军进行曲》,我们大家都情不

自禁地跟着唱了起来,'起来,不愿做奴隶的人们……'"太爷爷说着说着就唱了起来,眼里似乎还泛着泪花。

"太爷爷,您怎么哭了?"申申赶紧从小口袋里掏出手绢,递给太爷爷。

"太爷爷是想起了从小的苦日子啊,我出生那年九一八事变爆发了,日本人把东北变成了暗无天日的人间地狱,田园被毁、房屋被焚,美丽富饶的松花江血流成河。"

"这个我知道,抗日战争就是从九一八开始的,一共十四年,不是八年。"申申说道。

"是啊,九一八之后我们中国人真真切切地感受到了中华民族到了生死存亡的最危险的时候,我小时候在山东亲眼目睹过日本军队的扫荡,太可怕了。所以,每次听到《义勇军进行曲》的旋律,我就抑制不住内心的激动。"

"嗯,可是,太爷爷,我觉得咱们现在生活挺幸福的,我们家还是四世同堂呢!好像也没有那么危险了吧。"

"哈哈,申申你不会觉得国歌的歌词过时了吧。"爸爸打了个圆场。

"一点都不过时,永远都不会过时!其实啊,当初讨论用什么歌曲作国歌的时候,也有人提出申申你这样的疑问,中华人民共和国都要建立了,危险的时候过去了。"太爷爷情绪稍微缓和,娓娓道来,"但,不是有句成语叫居安思危吗?国歌的歌词就是不断提醒我们,要时刻怀有独立自主、忧患自救的意识。"

"打个比方,你这次作文写《我的祖国》,拿了100分,那下次让你写别的题目,你能保证再拿满分吗?"爸爸怕申申听不懂又解释了起来。

"这次我60分就满足了。"申申羞涩地低下头。

"所以啊,你每天都要努力学习,复习再复习,才能让自己战无不胜,永远满分!"

"太爷爷,我有点懂了。"

"哈哈,不着急,你年纪还小,慢慢体会。申申,你知道国歌是谁写的吗?"太爷爷问了一个很简单的问题。

"我知道,聂耳和田汉。"

"那你知道,他们一起创作过多少歌曲吗?"太爷爷继续提问。

"这个……除了国歌,还有吗?"

"有啊,他们在一起创作过十四首呢!"

"有这么多啊,我记得他们应该没认识多久,聂耳就溺水去世了吧。"爸爸不解地说。

"是啊,1933年聂耳来上海开始从事音乐创作,就认识了田汉。他们都觉得当时正是国难当头,而社会上却还流行'妹妹我爱你'这一类萎靡丧志的歌曲,于是一拍即合,两年时间就一起写了十四首歌,堪称黄金搭档啊。而《义勇军进行曲》是他们合作的最后一首歌曲,堪称绝响!"

"太爷爷,您怎么懂得那么多啊!"申申打心底里佩服太爷爷的知识渊博。

"我也是从那边的国歌展示馆里了解的。"太爷爷指了指西南方向。

"哇,我要去看看!"申申迫不及待地跑去了。

"申申,你等会儿太爷爷!"爸爸气得直跺脚。

太爷爷、爸爸和申申在国歌展示馆里,了解到了许多关于国歌的知识。

一、《义勇军进行曲》的创作

1935年,田汉写出剧本《凤凰的再生》,后被改编成《风云儿女》。其中最后一节诗稿,后来就成为《义勇军进行曲》的原版歌词。田汉写完初稿就被国民党逮捕入狱,剧本交到了编剧夏衍手里。聂耳知道后,就主动向夏衍要求把任务交给他。当年3月底,在上海霞飞路1258号三楼居所内,聂耳连熬两夜,完成了曲谱初稿。他对导演许幸之说:"我一会儿在桌子上打拍子,一会儿在钢琴前弹琴,一会儿在楼板上不停走动,一会儿又高声唱起来。房东老太以为我发疯了,跑到楼上骂了我一顿。"然而无论是聂耳还是田汉,都没能第一时间听到这首《义勇军进行曲》。歌曲问世两个月后,1935年7月17日,聂耳在日本不幸溺亡,享年23岁,《义勇军进行曲》成为他传世的"绝唱"。当月从南京宪兵司令部出狱的田汉,惊闻聂耳遇难后,不禁失声痛哭。

二、《义勇军进行曲》的录制

1935年5月9日,位于徐家汇路1434号的上海百代唱片公司首次为电通影业公司合唱队演唱的《义勇军进行曲》灌制唱片,唱片编号为34848b。所谓合唱队,只是临时凑成的,有七个人:盛家伦、司徒慧敏、郑君里、金山、袁牧之、顾梦鹤、施超。

位于今天徐家汇公园内的百代唱片公司旧址,是最早灌制《义勇军进行曲》唱片的地方

其中郑、顾、司徒三人都是广东人,因此在1935年的版本里,我们能听到夹杂着一些广东口音。

三、《义勇军进行曲》的传播

《义勇军进行曲》的故事显然没有止于银幕和唱片。从前线到大城市,从城市到最遥远的乡村,每一个中国人都知道这首歌,都会唱。上海各界救亡团体的宣传队员在齐唱《义勇军进行曲》;1935年一二·九运动中,数千北平大学生唱着《义勇军进行曲》示威游行;1938年,丰子恺写了《谈抗战歌曲》:"连荒山中的三家村里,也有'起来,起来''前进,前进'的声音出于村夫牧童之口。都市里自不必说,长沙的湖南婆婆,汉口的湖北车夫,都能唱'中华民族到了最危险的时候'。"甚至是在海外,《义勇军进行曲》也成为世界反法西斯阵营的国际战歌。陶行知在埃及金字塔下听到有人唱《义勇军进行曲》,梁思成在美国讲学期间听到美国小孩在脚踏车上吹口哨,吹的也正是《义勇军进行曲》。马来西亚的一支抗日队伍,把歌词中"中华民族到了最危险的时候"改为"马来西亚民族到了最危险的时候",作为抗日游击队队歌传唱。

"哇!想不到国歌的背后,还有这么多故事啊!"申申在展示馆一楼参观了一圈后,不禁感叹道。

"是啊,也正因为这首歌在那个年代被广为传唱,所以在咱们新中国要成立的时候,大家都推荐它作为国歌。"太爷爷对申申解释。

"爷爷,我记得刚才我们看到过一个叫刘良模的人吧,是不是就是那个'天下无人不识刘'的刘良模啊?"爸爸发问了。

"哇噻,好牛的样子。"

"嗯,对,这个人可不简单呐。你们刚才也看到了,这首歌刚创作出来的时候,他就在全国各地到处教唱,有一次在上海他同时教5000人唱呢。那个美国的黑人歌唱家——第一位正式在公开场合用中文演唱《义勇军进行曲》的外国人保罗·罗伯逊,也是由刘良模教唱的。"

"哇噻,是真牛!"

"最重要的是,这首歌能成为国歌,也多亏了他啊。"爸爸恰到好处地插了一句话。

"为什么啊?"申申又问了。

"爷爷您休息一下,这个我知道!"爸爸拿出手

机,摆弄了一下给申申,"申申,你看,这上面有一段刘良模当年和国歌的一个故事。"

……

1949年7月,刘良模在美国接到周恩来总理的电报,邀请他返回北京,参加中国人民政治协商会议。8月初,刘良模携全家先乘飞机抵达香港,再乘船抵达塘沽,于8月中赶抵北京。其时,国歌初选委员会和一届政协第六小组成员早已工作多时,应征稿件也有几百件,只是一直没有大家满意的作品。8月16日,刘良模抵达北京,向政协大会办理报到手续后,当即向大会秘书处打听关于国歌是否已经确定的事宜,听秘书长回答尚无结果,国歌初选委员会正在进行征集,许多人正在创作,刘良模情急之下,在9月25日,毛泽东、周恩来主持召开国旗、国徽、国歌、纪年、国都协商座谈会上,即席作了一番声情并茂的发言:

　　国歌是一个国家的歌,它的产生应该有历史背景,像法国的马赛曲,还有国际歌。这些歌曲在法国大革命、十月社会主义革命中,唤起了广大人民的斗争。《义勇军进行曲》产生于抗战时期,唤起民众向日本侵略者进行了保卫祖国的神圣战斗。还有,这支歌也可以用来纪念中国新

音乐运动的创始人聂耳。此外,这首歌在国际上也有它的地位。我在美国时,曾与美国最勇敢的黑人歌手罗伯逊见面,他对我说,他爱唱《义勇军进行曲》。美国的中学生、小学生从广播电台和电影中学会了这支歌,无论在娱乐场所还是普通家庭中都有人在唱。罗伯逊又问我,是不是你们的国歌?我说,不是,我们的国歌是丧歌。当然,是指国民党时期。这样看,《义勇军进行曲》在国际上确已建立起伟大的历史地位。从一支歌曲本身讲,好不好不能单靠几位专家评判,而是需要广大人民评判。《义勇军进行曲》在国内国外人民中间获得了一致颂扬,所以根据它自身的价值,也应采用作国歌。

"后来啊,那次会议上,毛主席和周总理也同意了,之后就正式决定把这首歌作为代国歌。"爸爸补充道。

"只是'代'的啊,什么时候才正式成为国歌呢?"申申问。

"申申,这个问题在这个馆里就有答案,你去找找。"太爷爷笑眯眯地说。

"好,我去找找。"

就在展馆的一角,有一张展板上,写清了《义勇军进行曲》被确定为国歌的历程。

> 1949年《义勇军进行曲》成为中华人民共和国代国歌;1978年修改歌词后,确定为正式国歌;1982年恢复了原歌词;2004年,《义勇军进行曲》作为我国的国歌被写入宪法。

"2004年,才被写进宪法,其实也没多久啊。"爸爸也觉得意想不到。

"真的是很曲折,但当年我在开国大典上,听到军乐队奏响这首歌的时候,我就认定它就是我们的国歌了。"太爷爷又激动地谈起了往事。

"太爷爷,继续给我们说说当时的事情吧!"申申了解完国歌的故事,又开始期待后续了。

1. 《义勇军进行曲》最早是谁为了什么电影的主题曲而创作的?
2. 《义勇军进行曲》是哪一年作为国歌写入我国的宪法的?

时光机:

九一八事变

1931年9月18日夜,在日本关东军安排下,铁道"守备队"炸毁沈阳柳条湖附近日本修筑的南满铁路路轨,并栽赃嫁祸于中国军队。日军以此为借口,炮轰沈阳北大营,这就是九一八事变。次日,日军侵占沈阳,又陆续侵占了东北三省。1932年2月,东北全境沦陷。此后,日本在中国东北建立了伪满洲国傀儡政权,开始了对东北人民长达14年之久的奴役和殖民统治。九一八事变是日本在中国东北蓄意制造并发动的一场侵华战争,是日本帝国主义侵华的开端。

❺ 东方太阳，正在升起，人民共和国正在成长——我们的国号

"我讲到哪里了啊?"太爷爷问。

"毛主席还没出来讲话!"申申焦急地回答。

"别闹,刚才太爷爷讲到了开国大典开始,军乐队奏响了国歌。"爸爸记性不错。

"哦,当时啊,我们在人群中,朝天安门城楼上望去,就看到毛主席走近扩音器前,用他浓厚的湖南口音高声宣布:'中华人民共和国——中央人民政府——今天——成立了!'当他老人家说完这句话时,整个天安门广场上都沸腾了。"太爷爷学着毛主席的口音,好像又回到了当年的现场。

"毛主席就说了这么多?"爸爸突然问了一句。

"是啊,就说了这句话。"

"那'中国人民从此站起来了'这句话,毛主席他老人家当时没说吗?"

"哈哈,我就知道你们很多人都以为这句话是

在开国大典上说的,其实不是噢!"太爷爷开怀一笑,"昨天我提到的那个9月21日开的政协会议的开幕式,毛主席在开幕词里,就已经说了,'占人类总数四分之一的中国人民,从此站立起来了'。"

"哦,这样啊。"爸爸点了点头。

"'四分之一',我记得陈老师教过我们,中国现在有十三亿人,世界有七十亿人。"

"那是占了多少啊?"爸爸乐呵呵地向申申提问。

扳着手指思考了好一会儿,申申才回答:"不会算……"

"哈哈,占百分之十八还多。所以我们以前是不是很厉害!"爸爸握着拳说。

"嗯!"

"申申,来来,太爷爷再问你一个问题。"

"好啊,太爷爷尽管问,反正我肯定不会。"

"哈哈,你知道我们国家的名字叫什么吗?"

"中华人民共和国,这谁都知道,太爷爷你当我是小毛头啊。"申申有点不屑。

"呵呵,那你知道这个名字是谁起的吗?"原来太爷爷把"大招"放在了后面。

"不知道!"申申笑嘻嘻地回答,"太爷爷,快告诉我吧。"

"要说起咱们的国号,最早可以追溯到二十世纪三十年代在江西成立的中华苏维埃共和国,这个

中华苏维埃共和国的国旗、国徽与中央政府旧址

是咱们共产党人的第一个国号。"太爷爷又开始细水长流。"后来啊,经过长征、抗日战争、解放战争,我们的国号也一直在变化,既有中华民国,又有中华民主共和国。"

"原来国号里面也有这么多故事啊。"爸爸啧啧赞叹。

"然后,到了1949年,新中国即将成立了,毛主席和我们党啊,在北京开了一个叫新政治协商会议筹备会的会议,分了几个小组,召集各界人士分别讨论新中国的成立问题。"

"感觉开了好多会啊。"申申也发出了赞叹。

"说明事情重要啊!爷爷,你说的这个筹备会,就是给9月份那个政协会议做准备吧。"

"嗯,是的,这个筹备会分了六个小组,第四小组就讨论了这个国号的问题,而第六小组呢就是讨论国旗国歌国徽这些事情啦。"

"哦,刚才说的刘良模就是第六小组的吧。"爸爸说。

"对。这个第四小组啊,其他问题都商量得差

不多了,就是这个国号问题,一直争论不休。因为啊,毛主席在筹备会的致辞时,喊出了'中华人民民主共和国万岁!'的口号。"

"我晕了……又来个名字。"申申表示难以理解。

"到底是叫'中华人民民主共和国'还是叫'中华人民共和国'呢?现在看好像不是大问题,当年那可是吵得不可开交啊。"太爷爷继续说道。

"那是谁提出要叫现在的国号的呢?"爸爸

提问。

"张奚若!"太爷爷回答。

"哦,是那个清华的大教授吧。"爸爸回答。

"哇,清华,这个我知道。"申申对自己并不是一无所知感到欣慰。

"嗯,就是这位张教授,在第四组的讨论时说,中华人民民主共和国这个国号太长,应该去掉民主两字,叫中华人民共和国好。因为啊,人民这个概念已经把民主的意思表达出来了,不必再重复了。"

"有道理。人民可以涵盖当时的工人、农民、小资产阶级、民族资产阶级,我们是人民民主专政的政权,确实不必再重复。"爸爸回答。

"有道理。虽然我听不懂。"申申附和。

"你以后就懂了。所以啊,大家觉得张教授的意见很有道理,于是就确定把国号为中华人民共和国。这个国号,从此就深深地烙在了我们中国人民的心上了。"

"真棒,我觉得这个名字特别好。"申申开心地鼓起掌来。

"好,现在我们去另外一个地方,接着讲开国大典的故事吧。"太爷爷起身就要走。

"去哪去哪?"爸爸和申申同时追问。

"山……阴……路!"太爷爷又是一字一顿。

通关答题

1. 新中国成立前夕,我们的国号曾经叫什么?
2. 谁在新政协筹备会议上提议国号叫"中华人民共和国"?

时光机:

新政治协商会议筹备会

1949年6月15日新政治协商会议筹备会第一次全体会议在北平中南海举行。毛主席说明这个筹备会的任务是"完成各项必要的准备工作,迅速召开新的政治协商会议,成立民主联合政府,以便领导全国人民,以最快的速度肃清国民党反动派的残余力量,统一全中国,有系统地和有步骤地在全国范围内进行政治的、经济的、文化的和国防的建设工作"。

❻ 五星红旗迎风飘扬，胜利歌声多么响亮——我们的国旗

"爷爷，你就别卖关子了，为什么带我们来这条山阴路啊？"爸爸两手叉腰，气喘吁吁地说。

申申、爸爸和太爷爷一行三人，从国歌广场一路辗转又来到了位于上海市虹口区鲁迅公园旁的一条小路——山阴路。窄窄的马路两旁，零星散落着些小铺子，售些烟酒杂货，很有些年头的梧桐斜斜地撑着天空，枝丫斑驳纵横。

"咦？这里我好像来过……"申申走在路上，有种似曾相识的感觉，"哦，这里是不是有鲁迅故居啊！"

"对，鲁迅逝世前就住在这里。但今天我们不是来看鲁迅的，我带你们来看看曾联松。"

"曾联松？他是谁啊？"爸爸和申申都满脸疑惑。

"我们国家国旗的设计者啊！"太爷爷揭晓

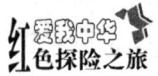

答案。

"哇！我还真没想过这个问题——国旗是谁设计的。没想到竟然是在上海诞生的,而且设计者还是这么一个默默无闻的老先生。"爸爸在手机上查了资料后,感慨万千。

"我们赶紧去看看曾爷爷的旧居吧。"申申又耐不住性子了。三人拐进了一条不起眼的小弄堂。

申申看着眼前的旧址,不禁说道:"这里的房子好老啊!"

"嗯,要不是专门来找,谁能知道这里曾住着我们国家国旗的设计者啊!"爸爸也说出了自己的感受。

太爷爷招呼着爸爸和申申走出弄堂,在山阴路的小道上,继续说着:"我可以理解,那个年代的人,对物质生活是真没那么看重的。想想曾老年轻时也经历了那么多苦难,当看到报纸上的国旗国徽国歌征集启事时,爱国心肯定是澎湃不已啊。"

"征集启事？哦,刚才在国歌展示馆,我看到过,好像是在好多报纸上连续刊载了好多天吧。"爸爸突然想起来。

"是啊,我当年看到启事时,也特别激动,说明新中国很快就要成立了,我还想着握着枪戴上军功章,在国旗下庄严地照一张相呢。于是啊,就连夜画了一幅草稿,第二天就寄出去了。"

"哇,太爷爷也设计过国旗啊,真棒真棒!"申申又一次对太爷爷竖起了大拇指。

"后来呢,爷爷您的国旗有被选中吗?"爸爸问。

"哈哈,怎么可能,我一点绘画功底都没有。不

过我倒是收到了一封致谢函。"

"没有奖金吗?"爸爸坏笑着说。

"没有,不过我听说曾联松后来拿到了1000万。"太爷爷不经意又爆出一个猛料。

"多少? 1000万!!!"爸爸和申申都惊呆了。

"这个是那时的钱,现在算只有1000元吧。"

"吓死我了,1000万,当时是好大一笔巨款了吧,呵呵。"爸爸调侃道。

"不说这个了,后来我才知道短短一个月啊,就收到了3000多幅国旗设计稿。据说当时第六小组的成员们就在北京饭店熬了好几天,精选出了38幅。申申,你可以让你爸爸上网搜搜看,应该能看到这38幅图。"

申申催促着爸爸赶紧拿手机搜索一下,果然,38幅图清晰可见。

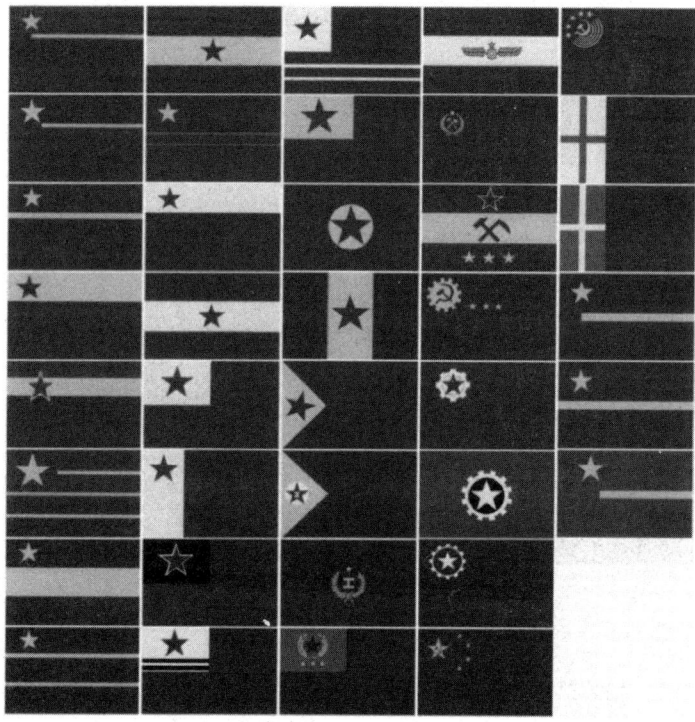

从3000多份征集稿中遴选出的38幅设计图案,在政协第一届全体会议上讨论

"哇,好多星星,真有意思。"申申用手指着手机屏,"找到啦,找到啦,这是国旗。咦?"

"怎么了,是不是有点不一样啊?"太爷爷乐呵呵地问。

"这个五星红旗的大星星里,好像多了点东西。"申申说。

"我看看,对,多了镰刀和锤子。"爸爸说。

曾联松设计的国旗原稿

"这是怎么回事呢?太爷爷,您肯定知道吧。"

申申已经熟悉了太爷爷讲故事的套路。

"先听我说个故事吧。"

……

1949年5月,上海解放后,年轻的曾联松在报纸上看到了征求国旗设计图案的启事,意识到新中国就将如旭日东升般展现在世界面前,心情特别兴奋,便满怀激情地投入到国旗创作中。

7月的上海,正值酷暑季节。曾联松为设计国旗图案,在不到10平方米的斗室里夜以继日,挥汗如雨,伏案描摹,如痴似迷。一天夜晚,曾联松到户外散步,脑子里还在苦苦思索国旗图案。当他抬头看见皎洁的月亮和闪烁的群星……

"哇,他还能看到星星啊!"申申突然插话,打断了太爷爷。

"申申,别插嘴,好好听。"爸爸训斥道。

……

当曾联松看到月亮和满天繁星时,突

然产生了一种意外的灵感：人们常说"盼星星，盼月亮"，而共产党不正是中国人民的大救星么！对，国旗图案就用大五角星和镰刀锤子代表中国共产党，用环绕的小星星代表人民大众，象征全国各族人民紧紧地环绕在党的周围，团结战斗，从胜利走向胜利。他还把五角星设计为黄色，这不仅与象征革命的红色相协调，像红霞一片，金光灿灿，色简而庄严，且也表达了中华儿女黄色人种的民族特征。

环绕大星之后的小星，应该是几颗呢？曾联松想到我们伟大祖国有着四千多年灿烂文化，有四万万同胞，还联想到毛主席曾经说过，人民有四个阶级：工人阶级、农民阶级、城市小资产阶级和民族资产阶级，就决定以四颗小星象征广大人民。接着，曾联松又经过反复推敲，苦苦构思，确定五颗金星恰当的位置。他曾设想把大星置于旗面的当中，小星环绕在大星的四周。这样，视若端庄,但是天地不够开阔,视觉局促、凝滞。经过一次又一次的勾画,熬过了许多个不眠之夜。近一个月过去了,有一次,他把五星挪向旗面的左上方,顿觉视野开阔:旗面犹如千里之广,金星居高临下,光彩闪耀,仿佛使人看到了星光映照大地,灿烂辉煌。五颗金星的结合图形,大小呼应,疏密相间,形成了一个椭圆形,这恰恰和我国疆土的几何图形类似,既表现了中国地理特征,也显得平稳和谐,明朗而有气势。

……

"所以,当时曾老设计的小星星就是环绕着大星星,不是像里约奥运会上出错的国旗那样星星都是平行的咯。"爸爸不由自主地说出了自己的观点。

"嘘!爸爸,嘘!"申申赶紧把右手食指放在嘴前,示意爸爸别吵。

"哈哈,对的,我们的国旗啊,四个小星星都有一个角尖是正对着大星星中央,所以里约奥运会那个绝对是错的。"太爷爷解释道。

"明白了明白了,爷爷您继续。"

……

根据这个构图方案,曾联松创作了两幅五星红旗图案:第一幅图案是大五角星上贴着用红色油光纸制作的"镰刀锤子"标志;第二幅图案的大五角星上则没有"镰刀锤子"标志。1949年8月中旬,他选择了第一幅图案寄去应征。后来,经过层层斟酌审阅,五星红旗和其他37幅图案一起被送交中国人民政治协商会议第一届全体会议审定。毛主席拿着五星红旗图案后同意选为国旗,但建议删去'镰刀锤子',成为一幅纯洁亮丽的五星红旗图。就这样,曾联松先生设计的五星红旗成为中华人民共和国国旗,1949年10月1日,国旗在天安门广场冉冉升起。

……

"哇,这么说,太爷爷您当时在天安门广场,是第一次看到五星红旗升起吗?"申申揪住太爷爷的手说。

"嗯,虽然之前在报纸上就看到了,但是真正看到实物,就是在天安门广场。"

"爷爷,要不您还是继续讲讲开国大典的事情吧。"爸爸似乎也有点觉得太爷爷"跑远了"。

"哦,这个我讲到哪啦?"

"毛主席说完政府成立啦!"申申的记性看来也不差。

"嗯,那我继续说,"太爷爷干咳了两声,继续说道,"看着毛主席说完'中华人民共和国中央人民政府今天成立了'之后,就开始升国旗、奏国歌啦!"

"毛主席要自己升吗?旗杆在天安门城楼上吗?"

"申申,电动升旗噢!"

"电动!那时候就这么先进啊。"爸爸也觉得吃惊。

"嗯,我当时站在城楼下,听着庄严的国歌《义勇军进行曲》响起来,毛主席大步走到升旗按钮前面,庄严地按下。在全世界的瞩目下,第一面五星红旗就在我们背后的天安门广场中央冉冉升起!"太爷爷边说边不自觉地仰起了头。

"我记得很清楚,就在国旗徐徐升起的时候,不远处的礼炮有节奏地轰鸣了。一响、两响、三响……足足响了二十八响。当时整个广场上所有的人都庄严肃穆地盯着我们的五星红旗在微风中展开、升起、飘扬,好多人,包括我,早已经热泪盈眶。灾难深重的黑暗社会随着隆隆炮声结束了,光辉灿烂的新时代随着五星红旗冉冉升起。"太爷爷情绪激动地回忆了当时升国旗的情景。

爸爸和申申看着太爷爷回忆往事,都觉得鼻头一酸。

"爷爷,十一也快到了,要不我们全家去一次北京吧。"爸爸提出了自己的想法。

"对啊,太爷爷,和我们一起再回北京吧。"申申边跳边吆喝。

"哈哈,其实我也想着趁现在身子骨还算硬朗,再走一趟,不然可真没机会了。"太爷爷也表示可行。

"太好啦!我这就去订票。"爸爸立马拿出手机,去到一边。

"申申啊,我刚刚有提到毛主席按电钮,升国旗吧。"

"对啊,好神奇,我们学校现在还是学生自己用手升国旗。"

"其实啊,当时我也从没有见过电灯,也没有用过电,所以在现场看到毛主席没下来旗就升起来了,我也是吓了一大跳,哈哈,真以为有什么法术呢!"

"太爷爷您那么大都没用过电啊!我没上幼儿

园就会用 ipad 了。"

"不过啊,这电动升旗其实还有个小插曲,9月30日那天坏掉了。"

"啊,那怎么办啊?"申申着急了。

"当时啊,第一面五星红旗还没做好,用的是一块大红布代替。30号晚上,工作人员做了最后一次试验。万万没有想到,这最后一次却出了故障。红布升到旗杆顶部以后,马达却没有停止运行,把这块大红布绞到旗杆顶的滑轮里,马达不能转动,旗子也退不下来。"

"那赶紧找人修啊!"

"哈哈,你知道旗杆多高吗?有二十多米呢,人都爬不上去。"

"那就打119!"爸爸边打电话边插话。

"他们还真是找了消防车和云梯来,但是升起来还是不够高。"

"哎呀,那怎么办?"申申开始抓耳挠腮。

"后来啊,据说还是找了两个能够熟练搭棚彩的兄弟。他们冒着生命危险从云梯顶爬到旗杆顶,才把那块大红布取了下来。后来啊,工作人员反复试验,直到1日凌晨,才确认国旗升降设施没有什么问题了。"

"呼,好险!"

"是啊,快七十年了,我们祖国的变化真是翻天覆地,你们现在的年轻人很难想象从前的科学技术竟如此地落后。所以10月2日的报纸还专门写了'毛主席亲自开动有电线通往广场中央国旗旗杆的电钮,使这一面新国旗在新中国首都徐徐上升',就怕老百姓会误解。"

"原来如此。爷爷,高铁票订好了,十一我们坐复兴号去北京!"爸爸举着手机说。

通关答题

1. 最初的国旗设计稿和现在的国旗有什么不同?
2. 开国大典上毛主席是怎么升起国旗的?

❼ 禾穗飞扬成长，齿轮转动时光
——我们的国徽

10月1日，爸爸妈妈带着太爷爷和申申来了一次"首都之行"。在飞驰的复兴号列车上，爸爸、申申和太爷爷又开始继续聊着几十年前的那一天。

"开国大典上,毛主席升完国旗后,我们都还没从激动的心情中缓过来,他老人家又继续宣读了政府公告,我那时候就记得欢呼了,也没怎么记住讲了什么,呵呵。"

"爷爷,这几天我在想啊,前两次听您回忆开国大典,讲了不少故事,比如国歌、国旗、首都什么的,但我怎么老觉得少了什么。"爸爸提出了自己的疑问。

"少了什么啊?"申申也问。

"国徽?"太爷爷说。

"对啊!我看咱们国家的宪法上,都是把国旗、国歌、国徽、首都放在一起写的。怎么开国大典这么重要的大事上,没听您讲国徽呢?"

"不会没有国徽吧!"申申随口说了一句。

"哈哈,申申,你说得对!"太爷爷拍了拍申申的脑袋。

"啊,真的啊!那个时候还没国徽啊!"爸爸惊讶地说。

"你们想想看,今天的天安门城楼上,是不是悬挂着国徽。"

爸爸用手机一搜,所有现在的天安门城楼的照片上,果然都挂着国徽。

今天的天安门城楼上悬挂着的中国国徽

"没有国徽,那当时挂着什么啊?"申申又提问。

"挂标语呀,就和我们现在开大会一样。那天啊,天安门城楼上挂了三幅大标语。城墙两侧是'中华人民共和国万岁'和'中央人民政府万岁',而城楼重檐中间的横幅上写着'中华人民共和国中央人民政府成立典礼'。"

"还真是啊。"爸爸又搜到开国大典时的照片,上面正是太爷爷所说的三条大标语。

"太爷爷记性真好。"申申打从心底佩服太爷爷。

"申申啊,你别看这照片上标语显得小,实际上这每个字上都能躺下一个人还绰绰有余噢。"

"哇,这么大啊!"申申张开双臂,"谁写的啊,好厉害。"

"这三条标语都出自我国著名美术家钟灵之手。你拿100元纸币出来。"太爷爷指着爸爸说。

"你们看,这'中国人民银行'六个字也是钟老先生写的,我们的国徽也有他一份功劳。"

"国徽是这位'人民币爷爷'设计的吗?"申申按捺不住好奇心追问。

"事实上啊,这位钟爷爷应该算是国徽设计的失败者。"

"哦,失败者?怎么回事,爷爷,快说来听听。"爸爸也忍不住好奇心。

"太爷爷,国徽到底是谁画出来的啊?"

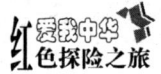

接下来,太爷爷又和爸爸、申申讲述起了当年国徽设计的一段波折往事。

……

开国大典未能悬挂国徽,使人感到遗憾。为了赶在1950年国庆节挂上国徽,两支兵强马壮的设计队伍组建了起来。一是梁思成、林徽因领导的清华大学营建系设计组,一是钟灵参加的中央美术学院设计组,两组展开了国徽设计竞赛。

……

"哇,这个还有比赛,那就刺激啦!"申申边听边捋起了小袖子。

"这么说,后来是梁思成赢了咯。"爸爸思忖一番说道。

太爷爷笑而不语,继续讲他的故事。

……

这两个组,一个是由美术家组成的,一个是由建筑师组成的。风格、思路、审美情趣完全不同,设计思想自然也大相径庭。

中央美术学院设计组国徽设计的最初设计方案

林徽因等人国徽设计的最初方案

美院组设计出来的国徽方案,有五星、齿轮、麦穗等,色彩鲜艳。清华组的方案,则以玉璧为主体,中央是一颗大五角星,图案中还有国名、五星、齿轮、嘉禾等。颜色由金、玉、红三色组成。但两组方案都没有包含天安门的内容。

据说啊,后来美院组又提交过一个有天安门的设计方案,这两个组的三种方案在当时的争论是很激烈的。梁思成批评美术家们设计的方案像"鞋袜商标",而且他反对将天安门城楼放进国徽里,认为天安门城楼是封建统治的象征,中华人民共和国的国徽不应使用。美术家们坚持把天安门城楼放进去,因为那是五四运动发生地,是中华人民共和国宣告成立的地方。最后是毛主席做的"裁决":天安门不应视为封建统治的象征,而应视为革命的象征、民主的象征放进国徽的图案中。美院组首战告捷。

……

"啊,不是清华赢吗?"爸爸发出疑问。

"别着急,爸爸,太爷爷喜欢抖包袱,嘻嘻!"申申捂嘴笑。

两个组的争论虽然激烈,批评也很尖锐,但双方的出发点是共同的,都是为了设计出一个完美的、有中国特色的、能体现新中国特征的共和国之徽来。在毛主席、周总理做了工作之后,两个组统一了思想,又开始了新一轮的设计。这个时间应该是1950年6月。

在设计国徽方案的整个过程中,清华组的热情都很高,但要数林徽因付出的心血最大。当时她身体不好,患有肺病,可是她却全身心地投入国徽设计工作。那个以玉璧为主体的方案,就倾注了她的许多智慧。这个方案虽然被否定了,但林徽因的关于国徽要有象征意义,要有民族特色,要程式化、图案化的设计思想,被组员们接受了。清华组最后拿出国徽设计方案,由

清华大学设计组最后提交的国徽设计稿

红、金两色组成。大红的底色上,五颗金色的五角星,仿佛是一面巨大的国旗悬挂在天幕上。国旗前面,是天安门城楼的正面金色浅浮雕图。周围是金色的齿轮和稻麦穗,用红色的绶带缠绕。

一个多星期夜以继日的冥思苦索,过度的紧张、劳累,使本来就是弱病之躯的梁思成也病倒了。

6月20日晚,中南海怀仁堂的一个会议室里,摆满了各式国徽设计图案;正中墙前摆放着两个图案,左边是清华组设计的,右边是美院组设计的。两个图案都以天安门城楼为主题,美院组的天安门城楼色彩丰富,蓝天、黄瓦、白石栏杆、红柱红墙,非常美丽。与清华组只有金红两色的图案相比,风格完全不同。

中央美术学院的国徽设计定稿

"怎么感觉清华要输了呢?美院的这么华丽。"申申听得入神,不由地也为清华捏了把汗。

"放心,申申,清华赢定了。不过,他们是怎么赢的啊?"爸爸安慰完申申,转头又问太爷爷。

参加会议的人们各抒己见,热烈讨论,两组的支持者不相上下。此时,周总理见到著名的地质学家李四光坐在沙发上,目不转睛地凝视着墙上两个国徽设计方案沉思不语,便要李四光表态。李四光指了指清华大学的方案,说:"我看这个好,天安门广场宽广,五星红旗布满天空,够气派!我赞成清华大学的方案。"

周恩来听完李四光的意见后,对大家的意见进行了总结。他说,清华大学的方案在艺术上非常成熟,结构完整统一,金色与红色体现了中华民族的特点。中央美院的方案红红绿绿,虽然明朗,但不够庄严。最后,会议选中了清华大学集体设计的方案。

……

"后来啊,我们的政府在1950年6月底正式通过了清华大学的修改方案,这才有了现在我们看到的国徽,中间是五星照耀下的天安门城楼,周围是谷穗和齿轮。"太爷爷终于讲完了国徽的设计故事。

"真是好不容易啊,原来我们的国徽有这么曲折的来历啊。"爸爸感叹。

"可关于国徽的故事,还没结束噢!"太爷爷意犹未尽地喝了口水。

"啊!太爷爷,清华又输了吗?"申申惊讶地问道。

"呵呵,没有啊。你们想想看,刚才我讲的梁思成、林徽因设计的国徽和我们现在看到的有什么不一样吗?"太爷爷又出难题了。

爸爸和申申冥思苦想了半天,也没有找到答案。

"哈哈,罗马不是一天建成的,国徽也才刚刚有了设计图纸啊,还得把平面图案塑成立体的。这也是一个不寻常的任务。"

"哦,二维平面做成三维实物,这应该不难吧。"爸爸估摸着说。

"呵呵,简单做做当然不难,但谁叫这活给谁不好,却偏偏给了一个敢和毛主席叫板的人。"

"好厉害,敢和毛主席作对。"申申睁圆了眼睛。

"这个人是谁啊?"

"高庄!又是一个上海人。"太爷爷回答道。

"啥?'告状'?难怪喜欢作对。"申申哈哈笑起来。

爸爸拍了拍申申脑袋,让他不要乱开玩笑。

"这么说,咱们上海和新中国缘分大了啊,不仅国歌诞生在上海、国旗设计在上海,就连国徽也是上海人造出来的啊!"

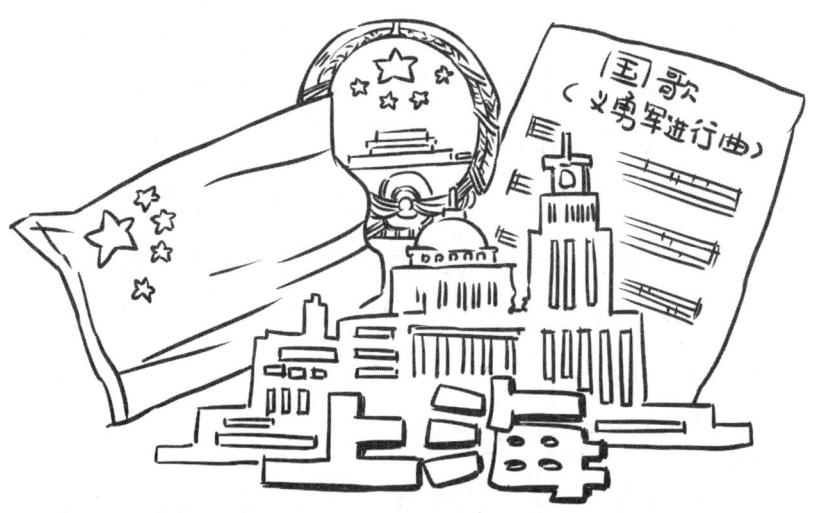

申申骄傲地拍拍胸脯说:"阿拉上海人,老来赛啊!"

"嗯,说这高庄吧,经梁思成介绍,接下了这个光荣的任务,不敢怠慢,立即对平面的国徽图案进行仔细研究。这不研究倒好,一研究,竟然动起了要修改国徽图案的念头。"紧接着,太爷爷就开始讲起了高庄修改国徽设计的故事。

……

高庄觉得国徽图案有些地方看着不舒服,感觉很别扭,必须要改。然而,国徽图案是经国家最高领导人三次审查后,在全国性会议上通过的,是最后的定稿,谁都没有权利擅自修改。

"为什么不能改?"在巨大的压力之下,高庄提笔给毛主席写了封信,一开头便说:"主席,你是一个伟大的政治家,但不是一个艺术家!……"

"胆子真大!"爸爸惊呆了。

"这话我连跟我老师都不敢说。"申申也觉新奇。

发出这封信以后,高庄便全身心地投入到对国徽的修改塑造中去了。一连几天,晚上只睡一两个小时。在他工作的桌上,点着一盏一百瓦的台灯。在强光下长时间地工作,他的右眼被灼伤,一度失明;他的右手也出现断续麻木。但这一切,反而加速了他前进的步伐,经过几个昼夜的连续工作,终于把国徽模型设计、塑造出来了。

然而送进中南海后,却挨了批评:不能自行改动,必须按原图图纸重做。高庄只好再次投入紧张的工作中。不久,中央领导听说了国徽塑造过程中的故事,特地派人去看望高庄,并转达了毛主席赞同改进提高的意见:"你大胆地改。祝你成功!"这使高庄无比兴奋。

1950年8月18日,高庄带着两个不同的国徽模型进了中南海,经修改设计塑造的国徽模型被审议通过。

……

"我记得后来看过一篇文章,写到高庄晚年谈到国徽设计时,说过这么一句话:我不是国徽设计小组的成员,我只是在塑造中改动了一下。我不过是个工匠。国徽的真正创造者是党,是我们伟大的祖国和人民。我们应该想到,我国人民为了中华人民

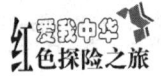

中华人民共和国国徽模型

共和国的诞生,付出了多么巨大的代价!"

　　太爷爷最后一席话,让爸爸和申申陷入了深深的沉思中。

1. 国徽的设计是由哪两支队伍在竞争?最后谁胜出了?
2. 国徽是谁第一个做出实物模型的?

❽ 没有共产党就没有新中国
——我们的党

不知不觉,从上海到北京的路程已经行驶过半,望着窗外一闪而过的风景,太爷爷有点入神。

"太爷爷,您在看什么啊?"申申朝着太爷爷望出去的方向在四处张望。

"我在想六十年前啊,从北京来上海,当年也是坐火车,你们知道我坐了多长时间吗?"

"一天?"爸爸回答。

"两天一夜,整整36个小时!"太爷爷比了比二又比了比一。

"哇噻,竟然还要在高铁上睡觉啊。"申申感到难以想象。

"那时候可没有高铁,还开的是蒸汽机车呢!想想,真是变化太大了。申申啊,你们现在的日子可真幸福啊!"太爷爷欣慰地摸摸申申的脑袋。

"爷爷,您的开国大典故事快要讲完了吧,毛主

六十年前和六十年后的京沪列车

席后来念完公告,就开始要阅兵了吧。"

"嗯,我赶紧把它讲完吧。后来啊,朱德总司令穿着军装,从城楼上下来,乘着敞篷汽车经过了金水桥……"

太爷爷又讲起了他眼中的开国大典阅兵式与欢

腾的群众游行。

太爷爷说,阅兵持续了两个多小时,然后就是欢腾的群众游行了。在几百面红旗的引导下,太爷爷所在的方队走在游行队伍最前列,当走过天安门城楼时,大家振臂高呼:"毛主席万岁!中华人民共和国万岁!"

"这时候,我看见毛主席走到栏杆前,向我们挥手,说'同志们好!人民万岁!'当时我们真是抑制不住自己的激动心情,就想停下来多看一会儿。"

"哈哈,爷爷,您这心情我们能理解,要是今天习总书记也在咫尺之遥朝我挥手,我也会特别兴奋。"

太爷爷又继续说道,当天晚上,天安门汇集了众多欢呼喜悦的群众,大家拿着口琴、手风琴演奏着,大学生们在广场中间跳起了交谊舞,众多群众唱着跳着欢庆祖国的胜利。庆典的中途,北京上空还燃起了庆祝的焰火。

"当我们回到驻地,已经是夜里11点多了,大家都忘记了疲劳,忘记了连午饭都没吃,依然沉浸在幸福中。当我们互相讲话时,才发现大家的嗓子都已经哑了,手都已经拍得发青了,当时我们都哭了,边哭还边唱《没有共产党就没有新中国》。"太爷爷在回忆当时的场景,嘴边小声哼起这首歌的同时,又热泪盈眶了。

爸爸和申申也和太爷爷一起小声地哼唱完了这首歌曲。

"参加开国大典这件事,已经深深铭记在我的心中。"

"太爷爷,你们为什么会唱起这首歌呢?"申申歪着脑袋问。

"我也不知道,就是突然有一个人唱起来,大家就跟着唱了吧。因为这首歌写的确实是我们当时的心声吧。'共产党,辛劳为民族,共产党他一心救中国,他指给了人民解放的道路,他领导中国走向光明。'我们确确实实迎来了光明的新中国。"

"哦,我们的共产党真的好厉害啊。"

"哈哈,申申,轮到爸爸来考你啦,你知道我们的党是在哪儿成立的吗?"

今天的中共一大会址,1921年时是一大代表李汉俊哥哥的住所

"哼,这个太简单了,上海!新天地!老师带我们去过!"

"是嘛,原来申申都已经去过一大会址啦!"太爷爷赞许地笑着说,"那你对我们中国共产党一定很了解咯。"

申申举起双手摇摆,说:"不了解不了解,太爷爷您就别考我了,您教我吧!"

"哈哈,好的,反正还有点时间,那我们就简单说说我们党是如何从成立时只有五十多个党员,发展到开国大典时强大的执政党的吧。"

"好!"申申拍手称快。

"第一个问题,还是回到开国大典,我说过,毛主席宣布中央人民政府成立时,不是放了二十八响炮吗?申申,你知道为什么是二十八这个数字吗?"

申申抓耳挠腮,爸爸回答:"因为那时候,我们党成立了二十八年吧。"

"对。1921年到1949年,整整二十八年,从石库门走到了天安门。"

"哦。原来是这样啊。我明白啦!"申申点头。

"申申,这短短二十八年里啊,我们共产党可是艰难曲折啊,比如,就有两次特别巨大的危机,差点就'死掉'了。"

"啊,哪两次呀?"

"一次啊是在1927年,那时国民党还在和我们共产党合作,北伐打军阀,但突然有一天,开始反过

从石库门到天安门

来镇压我们共产党。当时全国 6 万多党员最后只剩下 1 万多,损失特别惨重。"

"那后来怎么样了呢?"

"后来啊,我们党仍然顽强战斗,1927 年南昌、秋收、广州三大起义,吹响了反攻的号角。之后啊,毛主席就到井冈山,保留了革命的火种。"

"星星之火可以燎原。"爸爸插话。

"那还有一次危机呢?"申申急切地想知道答案。

"还有一次,就应该是长征了吧。"爸爸试探性地答道。

"没错,就是长征。那是1934年,我们党在江西等地建了不少根据地,还成立了政府,然后国民党又来了,进行了五次'围剿'。最后我们党实在撑不住了,只能进行转移,开始了长征。"

"两万五千里长征,爬雪山、过草地,我知道我知道。"申申觉得自己还是知道挺多历史知识的。

"哈哈,红军长征可不止两万五千里噢,足足有六万五千里。"太爷爷笑着回应。

"啊?怎么回事?为啥还有这么多?"

"那是因为当年红军长征的时候,总共有四队人马,分别是红一、二、四方面军和红二十五军,这四队加起来有六万五千里。我们熟悉的两万五千里只是红一方面军的路程。"

"哦,这一点之前还真不知道,长知识了。"爸爸也感叹道。

"渡过了这两大危险,我们党逐渐壮大,又先后迎来了两大战事。一个就是抗日战争,我们最终打败了日本人;一个就是解放战争,我们最后把国民党打到台湾去了。"

接着,太爷爷又给申申讲了不少两次战事中的小故事,申申听得津津有味。

"总之啊,我们共产党这二十八年的发展,使原先落后就要挨打的中国慢慢变得强大,世界上的其

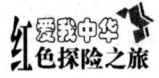

他大国再也不敢欺负中国了。也正因为党把中国变得这么强大,才有了今天你们这样幸福快乐的生活,所以你们更要爱中国共产党,爱我们的祖国,珍惜现在的美好生活啊。"

列车缓缓驶入北京车站,申申抱住太爷爷的胳膊,亲昵地说:"谢谢您,太爷爷,给我们讲了这么多精彩故事,我觉得我的作文已经想好要怎么写了。"

"哈哈,是吗,那就好、那就好。"

"爷爷,申申,到北京啦,我们下车咯。"爸爸提起行李,提醒大家到站了。

国旗国歌国徽的故事

1. 中国共产党创立于何时何地?
2. 红军长征总共走了多长的路程?

时光机:

1. 三大起义

1927年,国民党进行清党行动,对中国共产党进行疯狂镇压。中国共产党面临着灭顶之灾,于是相继发动了三次武装起义,分别是8月1日的南昌起义,9月9日的秋收起义,12月11日的广州起义。三大起义吹响了通过武装斗争打击国民党的进军号,拉开了国共两党进行二十余年战争的序幕。

2. 长征

1934年10月—1936年10月,共产党领导的红一、二、四方面军和红二十五军分别从各苏区向陕甘苏区战略撤退和转移。其中红一方面军行程为二万五千里,因此长征又常被称作二万五千里长征。

1934年10月10日晚6点,中央红军八万六千人从瑞金出发,被迫实行战略转移。1936年10月,红军第一、二、四方面军在甘肃会宁和将台堡会师,长征结束。长征胜利表明中国共产党和工农红军是一股不可战胜的力量,长征是一部艰难的斗争历史。

尾　声

申申一家人的"首都之行"行程很丰富,他们在天安门广场上参加了升国旗仪式,又参观了人民英雄纪念碑、毛主席纪念堂……旅行回来,申申很快就写出了一篇作文《我的祖国》。

我的祖国

在我心中,有一个庄严而神圣的名字,她就是——中华人民共和国,我的祖国。1949 年的 10 月 1 日,那一天在北京天安门,毛主席爷爷和好几十万人一起见证了她的诞生。那几十万人里,也有我的太爷爷。

我的太爷爷给我讲了许多那一天的故事,他告诉了我,什么是祖国。我的祖国,有一面鲜艳的红

国旗国歌国徽的故事

旗,处处可见、高高飘扬,它就是国旗五星红旗——我们伟大祖国的光辉象征。我的祖国,也有一枚庄严的徽章,中间是五星红旗照耀下的天安门,周围是谷穗和齿轮,它就是国徽——我们伟大祖国的标志。我的祖国,还有一首雄壮的歌曲,诞生于中华民族最危险的时候,激励了无数中国人为自由与解放而斗争,它就是我们的国歌——《义勇军进行曲》。我的祖国,有一个高大的领路人,它带领四万万中国人,

用二十八年时间,从石库门走到了天安门,从黑暗走向了光明,走进了新时代,它就是我们的党——中国共产党。

我想了想,太爷爷讲了那么多,其实就是想告诉我:爱我们的国旗,敬我们的国徽,唱我们的国歌,赞我们的共产党,就是爱我们的祖国。我爱我的祖国,希望她越来越富强,我们也能越来越幸福。

四(1)班 申申

国旗国歌国徽的故事

  这次,申申的作文不但及格了,还拿了高分,得到了老师的表扬。老师和同学们为申申鼓掌的时候,申申都有点不好意思了。他开始明白,要写好作文,最重要的是要有真情实感。他为自己是一名中国人而深深地感到骄傲和自豪,所以他的作文中也充满了感情。

图书在版编目(CIP)数据

国旗国歌国徽的故事／刘捷著. —上海：中国中福会出版社,2017.12

（爱我中华红色探险之旅）

ISBN 978-7-5072-2514-3

Ⅰ.①国… Ⅱ.①刘… Ⅲ.①爱国主义教育—中国—青少年读物 Ⅳ.①D647-49

中国版本图书馆CIP数据核字(2017)第210718号

爱我中华红色探险之旅

国旗国歌国徽的故事

刘 捷 著

陆 旻 绘

出 版 人	余 岚
责任编辑	梁 莹
美术编辑	钦吟之
装帧设计	钦吟之
出版发行	中国中福会出版社
社　　址	上海市常熟路157号
邮政编码	200031
销售热线	15255555521

经　　销	全国新华书店
印　　制	合肥伟瀚印务有限公司
开　　本	889mm×1194mm　1/32
字　　数	45千字
印　　张	3.625
版　　次	2020年第1版
印　　次	2021年8月第2次印刷
书　　号	ISBN 978-7-5072-2514-3/D·12
定　　价	16.80元